Este é o ano que Deus preparou para

CB068341

- f _____
- ⓦ _____
- ⓘ _____
- 𝕏 _____
- ▶ _____
- ⓟ _____
- @ _____
- in _____
- _____
- _____

Contatos

Descansa no Senhor e espera nele...
—Salmo 37:7

O *Pão Diário Planner* é uma ferramenta versátil e útil para você, mulher, que deseja organizar o seu dia, a sua semana, o seu mês, o seu ano… e equilibrar as demandas que os seus papéis lhe exigem no dia a dia.

Uma das vantagens deste planner, entre outras, está na quantidade de informações que ele pode armazenar: datas, compromissos, contatos de profissionais, relação de filmes e livros, dicas diversas, alvos a serem cumpridos a curto e longo prazo, tarefas, viagens etc. Tudo isso e muito mais num só lugar e acessível num virar de páginas.

Também, para inspirar o seu dia, o *Pão Diário Planner* dispôs meditações e versículos bíblicos que voltarão sua mente para os valores eternos. E pensando em facilitar sua utilização, este *planner* apresenta oito seções relacionadas às várias áreas da vida e ao universo feminino:

1 SOBRE MIM. Informações pessoais, gostos, sonhos e planos.

2 CASA, FAMÍLIA & AMIGOS. Registro de aniversários, cardápios, compras etc.

3 SAÚDE. Anotações sobre dados médicos, remédios e checkups a lembrar.

4 ESTUDOS. Controle de seus horários, datas de provas e entregas de trabalhos.

5 FINANÇAS. Anotações de entradas, saídas e controle de saldos.

6 FÉRIAS & FOLGAS. Registro de eventos, atividades e de lugares a conhecer.

7 FEMINICES. Cuidados consigo mesma, registros de dicas, produtos e indicações.

8 MEU ANO. Planejamento de cada manhã, tarde e noite de um ano incrível!

Utilizar o *Pão Diário Planner* será útil de várias maneiras, pois além de dar a visão geral do seu dia a dia, também lhe permitirá identificar objetivos, estabelecer metas e acompanhar a execução de suas tarefas diariamente. Aprender a usar o tempo a seu favor é essencial quando se trata de geri-lo.

© 2024 Publicações Pão Diário. Todos os direitos reservados.

Texto: *Pão Diário*
Projeto gráfico e diagramação: Lucila Lis
Direção de arte: Audrey Novac Ribeiro
Revisão: Rita Rosário

Proibida a reprodução total ou parcial sem prévia autorização, por escrito, da editora.
Todos os direitos reservados e protegidos pela Lei 9.610 de 19/02/1998.

Pedidos de permissão para usar citações deste devocional devem ser direcionados a: permissao@paodiario.org

Exceto se indicado o contrário, as citações bíblicas são extraídas
da Bíblia Sagrada Nova Versão Transformadora © 2016, Editora Mundo Cristão.

Publicações Pão Diário
Caixa Postal 9740, 82620-981, Curitiba/PR, Brasil
publicacoes@paodiario.org
www.publicacoespaodiario.com.br
Telefone: (41) 3257-4028

HQ555 • 978-65-5350-547-6   PS871 • 978-65-5350-548-3

Impresso na China

Calendário

2025

Janeiro
D	S	T	Q	Q	S	S
			1	2	3	4
5	6	7	8	9	10	11
12	13	14	15	16	17	18
19	20	21	22	23	24	25
26	27	28	29	30	31	

1-Confraternização Universal

Fevereiro
D	S	T	Q	Q	S	S
						1
2	3	4	5	6	7	8
9	10	11	12	13	14	15
16	17	18	19	20	21	22
23	24	25	26	27	28	

Março
D	S	T	Q	Q	S	S
						1
2	3	4	5	6	7	8
9	10	11	12	13	14	15
16	17	18	19	20	21	22
23	24	25	26	27	28	29
30	31					

4-Carnaval

Abril
D	S	T	Q	Q	S	S
		1	2	3	4	5
6	7	8	9	10	11	12
13	14	15	16	17	18	19
20	21	22	23	24	25	26
27	28	29	30			

18-Paixão de Cristo
20-Páscoa
21-Tiradentes

Maio
D	S	T	Q	Q	S	S
				1	2	3
4	5	6	7	8	9	10
11	12	13	14	15	16	17
18	19	20	21	22	23	24
25	26	27	28	29	30	31

1-Dia do Trabalho

Junho
D	S	T	Q	Q	S	S
1	2	3	4	5	6	7
8	9	10	11	12	13	14
15	16	17	18	19	20	21
22	23	24	25	26	27	28
29	30					

19-Corpus Christi

Julho
D	S	T	Q	Q	S	S
		1	2	3	4	5
6	7	8	9	10	11	12
13	14	15	16	17	18	19
20	21	22	23	24	25	26
27	28	29	30	31		

Agosto
D	S	T	Q	Q	S	S
					1	2
3	4	5	6	7	8	9
10	11	12	13	14	15	16
17	18	19	20	21	22	23
24	25	26	27	28	29	30
31						

Setembro
D	S	T	Q	Q	S	S
	1	2	3	4	5	6
7	8	9	10	11	12	13
14	15	16	17	18	19	20
21	22	23	24	25	26	27
28	29	30				

7-Independência do Brasil

Outubro
D	S	T	Q	Q	S	S
			1	2	3	4
5	6	7	8	9	10	11
12	13	14	15	16	17	18
19	20	21	22	23	24	25
26	27	28	29	30	31	

12-Feriado Nacional

Novembro
D	S	T	Q	Q	S	S
						1
2	3	4	5	6	7	8
9	10	11	12	13	14	15
16	17	18	19	20	21	22
23	24	25	26	27	28	29
30						

2-Finados
15-Proclamação da República

Dezembro
D	S	T	Q	Q	S	S
	1	2	3	4	5	6
7	8	9	10	11	12	13
14	15	16	17	18	19	20
21	22	23	24	25	26	27
28	29	30	31			

25-Natal

O justo anda em integridade: felizes os filhos que seguem seus passos. —Provérbios 20:7

Calendário

2026

Janeiro
D	S	T	Q	Q	S	S
				1	2	3
4	5	6	7	8	9	10
11	12	13	14	15	16	17
18	19	20	21	22	23	24
25	26	27	28	29	30	31

1-Confraternização Universal

Fevereiro
D	S	T	Q	Q	S	S
1	2	3	4	5	6	7
8	9	10	11	12	13	14
15	16	17	18	19	20	21
22	23	24	25	26	27	28

17-Carnaval

Março
D	S	T	Q	Q	S	S
1	2	3	4	5	6	7
8	9	10	11	12	13	14
15	16	17	18	19	20	21
22	23	24	25	26	27	28
29	30	31				

Abril
D	S	T	Q	Q	S	S
			1	2	3	4
5	6	7	8	9	10	11
12	13	14	15	16	17	18
19	20	21	22	23	24	25
26	27	28	29	30		

3-Paixão de Cristo
5-Páscoa
21-Tiradentes

Maio
D	S	T	Q	Q	S	S
					1	2
3	4	5	6	7	8	9
10	11	12	13	14	15	16
17	18	19	20	21	22	23
24	25	26	27	28	29	30
31						

1-Dia do Trabalho

Junho
D	S	T	Q	Q	S	S
	1	2	3	4	5	6
7	8	9	10	11	12	13
14	15	16	17	18	19	20
21	22	23	24	25	26	27
28	29	30				

4-Corpus Christi

Julho
D	S	T	Q	Q	S	S
			1	2	3	4
5	6	7	8	9	10	11
12	13	14	15	16	17	18
19	20	21	22	23	24	25
26	27	28	29	30	31	

Agosto
D	S	T	Q	Q	S	S
						1
2	3	4	5	6	7	8
9	10	11	12	13	14	15
16	17	18	19	20	21	22
23	24	25	26	27	28	29
30	31					

Setembro
D	S	T	Q	Q	S	S
		1	2	3	4	5
6	7	8	9	10	11	12
13	14	15	16	17	18	19
20	21	22	23	24	25	26
27	28	29	30			

7-Independência do Brasil

Outubro
D	S	T	Q	Q	S	S
				1	2	3
4	5	6	7	8	9	10
11	12	13	14	15	16	17
18	19	20	21	22	23	24
25	26	27	28	29	30	31

12-Feriado Nacional

Novembro
D	S	T	Q	Q	S	S
1	2	3	4	5	6	7
8	9	10	11	12	13	14
15	16	17	18	19	20	21
22	23	24	25	26	27	28
29	30					

2-Finados
15-Proclamação da República

Dezembro
D	S	T	Q	Q	S	S
		1	2	3	4	5
6	7	8	9	10	11	12
13	14	15	16	17	18	19
20	21	22	23	24	25	26
27	28	29	30	31		

25-Natal

Deem graças ao Senhor, porque ele é bom. Seu amor dura para sempre! —Salmo 136:1

Calendário

2027

Janeiro
D	S	T	Q	Q	S	S
					1	2
3	4	5	6	7	8	9
10	11	12	13	14	15	16
17	18	19	20	21	22	23
24	25	26	27	28	29	30
31						

1-Confraternização Universal

Fevereiro
D	S	T	Q	Q	S	S
	1	2	3	4	5	6
7	8	9	10	11	12	13
14	15	16	17	18	19	20
21	22	23	24	25	26	27
28						

9-Carnaval

Março
D	S	T	Q	Q	S	S
	1	2	3	4	5	6
7	8	9	10	11	12	13
14	15	16	17	18	19	20
21	22	23	24	25	26	27
28	29	30	31			

26-Paixão de Cristo
28-Páscoa

Abril
D	S	T	Q	Q	S	S
				1	2	3
4	5	6	7	8	9	10
11	12	13	14	15	16	17
18	19	20	21	22	23	24
25	26	27	28	29	30	

21-Tiradentes

Maio
D	S	T	Q	Q	S	S
						1
2	3	4	5	6	7	8
9	10	11	12	13	14	15
16	17	18	19	20	21	22
23	24	25	26	27	28	29
30	31					

1-Dia do Trabalho
27-Corpus Christi

Junho
D	S	T	Q	Q	S	S
		1	2	3	4	5
6	7	8	9	10	11	12
13	14	15	16	17	18	19
20	21	22	23	24	25	26
27	28	29	30			

Julho
D	S	T	Q	Q	S	S
				1	2	3
4	5	6	7	8	9	10
11	12	13	14	15	16	17
18	19	20	21	22	23	24
25	26	27	28	29	30	31

Agosto
D	S	T	Q	Q	S	S
1	2	3	4	5	6	7
8	9	10	11	12	13	14
15	16	17	18	19	20	21
22	23	24	25	26	27	28
29	30	31				

Setembro
D	S	T	Q	Q	S	S
			1	2	3	4
5	6	7	8	9	10	11
12	13	14	15	16	17	18
19	20	21	22	23	24	25
26	27	28	29	30		

7-Independência do Brasil

Outubro
D	S	T	Q	Q	S	S
					1	2
3	4	5	6	7	8	9
10	11	12	13	14	15	16
17	18	19	20	21	22	23
24	25	26	27	28	29	30
31						

12-Feriado Nacional

Novembro
D	S	T	Q	Q	S	S
	1	2	3	4	5	6
7	8	9	10	11	12	13
14	15	16	17	18	19	20
21	22	23	24	25	26	27
28	29	30				

2-Finados
15-Proclamação da República

Dezembro
D	S	T	Q	Q	S	S
			1	2	3	4
5	6	7	8	9	10	11
12	13	14	15	16	17	18
19	20	21	22	23	24	25
26	27	28	29	30	31	

25-Natal

O ódio provoca brigas, mas o amor cobre todas as ofensas. —Provérbios 10:12

Não esquecer

Website: _____
Login: _____
Lembrete da senha: _____

Website: _____
Login: _____
Lembrete da senha: _____

Website: _____
Login: _____
Lembrete da senha: _____

Website: _____
Login: _____
Lembrete da senha: _____

Website: _____
Login: _____
Lembrete da senha: _____

Website: _____
Login: _____
Lembrete da senha: _____

Website: _____
Login: _____
Lembrete da senha: _____

Website: _____
Login: _____
Lembrete da senha: _____

. . . lembro-me de tudo que fizeste, Senhor; [. . .] de tuas maravilhas. . . –Salmo 77:11

Minhas redes

f
Login: _____
Lembrete da senha: _____

WhatsApp
Login: _____
Lembrete da senha: _____

Instagram
Login: _____
Lembrete da senha: _____

X
Login: _____
Lembrete da senha: _____

YouTube
Login: _____
Lembrete da senha: _____

Pinterest
Login: _____
Lembrete da senha: _____

Threads
Login: _____
Lembrete da senha: _____

in
Login: _____
Lembrete da senha: _____

_____
_____
_____
_____

Como o ferro afia o ferro, assim um amigo afia o outro. –Provérbios 27:17

Frases que me inspiram

As palavras sábias saciam como uma boa refeição… —Provérbios 18:20

Termômetro do humor

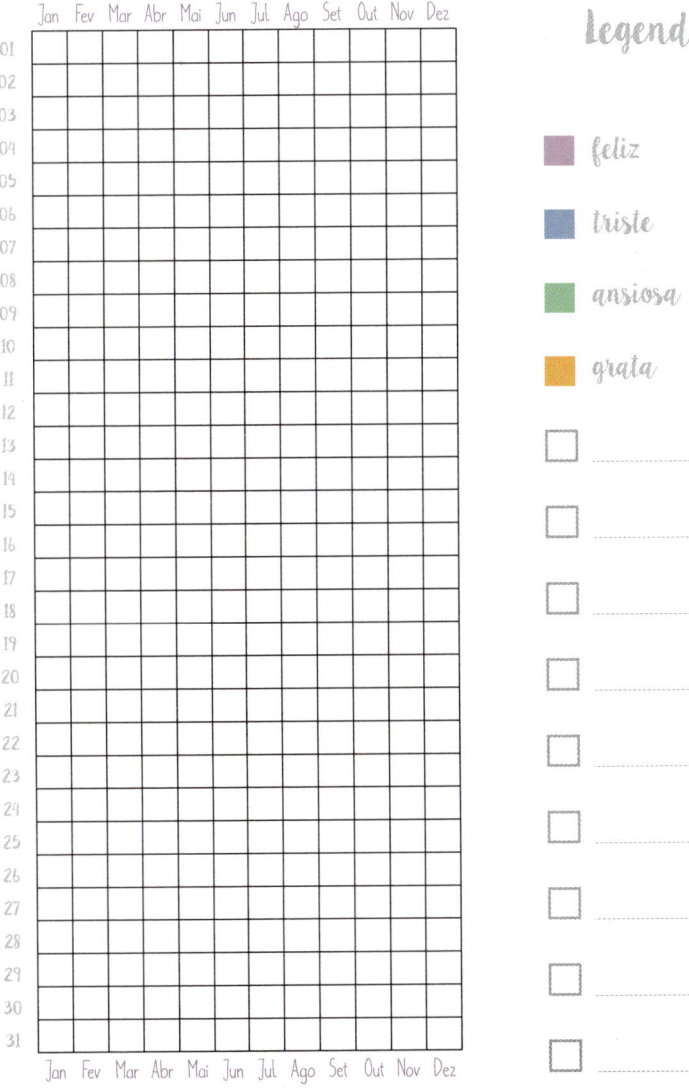

...a alegria do Senhor é sua força! —Neemias 8:10

Livros que quero ler

Título	Autor

Filmes/séries que quero assistir

Filmes	Séries

Músicas indicadas

Nome	Compositor/Cantor/Banda

Quando foi a última vez que eu...

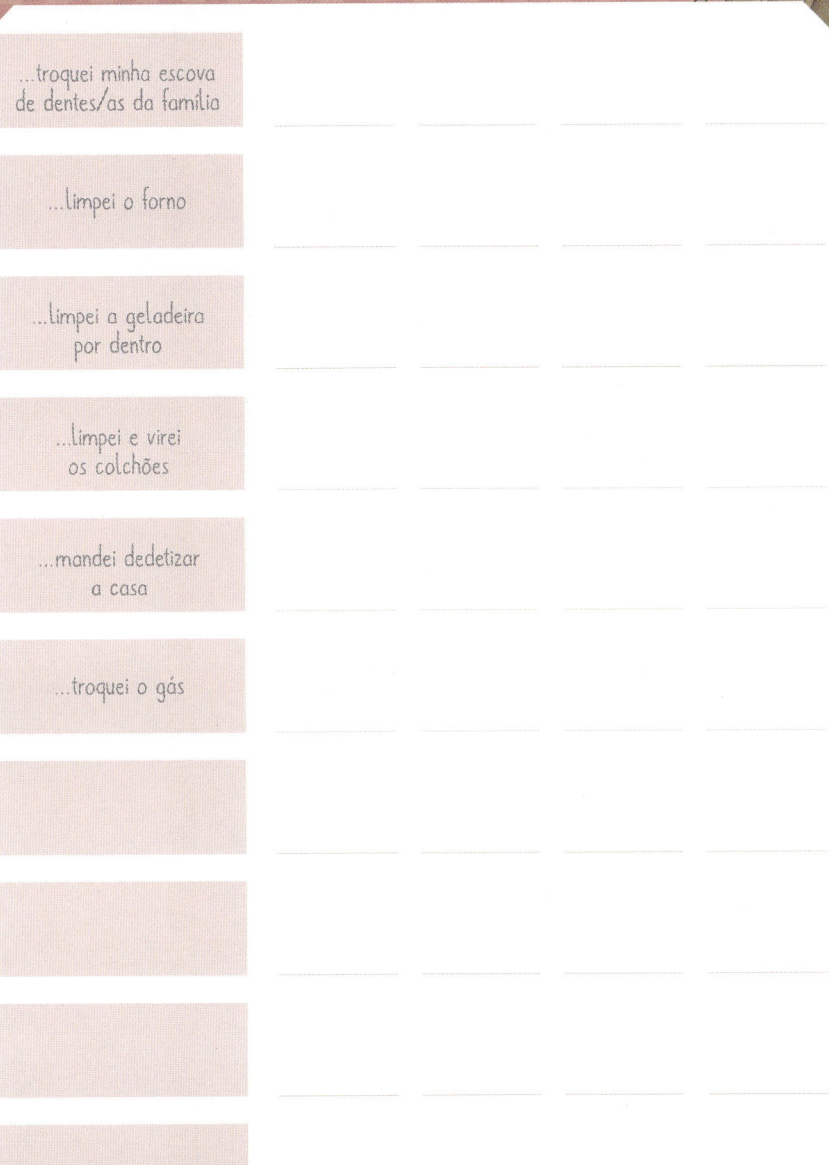

- ...troquei minha escova de dentes/as da família
- ...limpei o forno
- ...limpei a geladeira por dentro
- ...limpei e virei os colchões
- ...mandei dedetizar a casa
- ...troquei o gás

Cardápio semanal

	Segunda-feira	Terça-feira	Quarta-feira
Café da manhã			
Almoço			
Lanche da tarde			
Jantar			

Cardápio semanal

Quinta-feira	Sexta-feira	Sábado	Domingo

Cardápio semanal escolar

	Segunda-feira	Terça-feira
LANCHE		
BEBIDA		
FRUTA		

Anotações

Cardápio semanal escolar

Quarta-feira	Quinta-feira	Sexta-feira

Anotações

Receitas do cardápio

Quem trabalha com dedicação tem fartura de alimento... –Provérbios 12:11

Receitas do cardápio

Tu os alimentas com a fartura de tua casa… —Salmo 36:8

Lista de compras

HORTIFRUTI & FEIRA

- Abóbora
- Abobrinha
- Agrião
- Alface
- Alho
- Batata doce
- Batata
- Berinjela
- Beterraba
- Brócolis
- Cebola
- Cebolinha
- Cenoura
- Chuchu
- Couve
- Couve-flor
- Espinafre
- Inhame
- Mandioca
- Pepino
- Pimentão
- Repolho
- Rúcula
- Salsinha
- Tomate
- Ovos

- Abacate
- Abacaxi
- Acerola
- Ameixa
- Banana
- Caju
- Coco
- Goiaba
- Kiwi
- Laranja
- Limão
- Maçã
- Mamão
- Manga
- Maracujá
- Melancia
- Melão
- Morango
- Pera
- Pêssego
- Tangerina
- Uva

BÁSICO & DIVERSOS

- Açúcar
- Achocolatado
- Adoçante
- Arroz
- Atum
- Aveia
- Azeite
- Azeitona
- Baunilha
- Biscoito
- Cacau em pó
- Café
- Canela
- Coco ralado
- Chá
- Chocolate em pó
- Creme de leite
- Ervilha
- Farinha de trigo
- Feijão
- Fermento
- Filme plástico
- Flocos de milho
- Fósforo
- Fubá
- Gelatina
- Geleia
- Guardanapo
- Ketchup
- Leite
- Leite condensado
- Leite de coco
- Macarrão

- Maionese
- Maizena
- Mel
- Milho
- Molho de tomate
- Mostarda
- Óleo
- Papel alumínio
- Papel manteiga
- Papel toalha
- Palito
- Palmito
- Pão
- Pimenta
- Polvilho
- Refrigerante
- Sagu
- Sal
- Sardinha
- Suco
- Torrada
- Vela

Que tal fotografar a lista acima com seu celular e marcar o que precisa comprar?

Lista de compras

CARNES & FRIOS

- Acém
- Alcatra
- Bacon
- Bisteca
- Camarão
- Carne moída
- Costela
- Coxão mole
- Coxão duro
- Chester
- Filé Mignon
- Fraldinha
- Frango
- Hambúrguer
- Linguiça
- Maminha
- Lombo
- Músculo
- Nuggets
- Patinho
- Peixe
- Peru
- Picanha
- Tender
- Cream cheese
- Iogurte
- Manteiga
- Margarina
- Peito de peru
- Presunto
- Queijo branco
- Queijo fatiado
- Queijo ralado
- Requeijão
- Ricota
- Salsicha

LIMPEZA & HIGIENE

- Água Sanitária
- Álcool
- Alvejante
- Amaciante
- Bicarbonato
- Cera
- Desengordurante
- Desinfetante
- Detergente
- Esponja
- Inseticida
- Limpa vidros
- Limpador perfumado
- Lustra móveis
- Luva de limpeza
- Mop
- Palha de aço
- Rodo
- Sabão em pedra
- Sabão em pó
- Sabão líquido
- Saco de lixo
- Sapólio
- Vassoura
- Absorvente
- Algodão
- Antisséptico bucal
- Condicionador
- Cotonete
- Creme dental
- Curativo
- Desodorante
- Escova dental
- Fralda
- Filtro solar
- Fio dental
- Lâmina de barbear
- Lenço de papel
- Lenço umedecido
- Lixa
- Loção pós-barba
- Papel higiênico
- Repelente
- Sabonete
- Shampoo
- Talco

GOSTOSURAS

- Bala
- Bombom
- Batata frita
- Chocolate
- Doce de leite
- Goiabada
- Lasanha
- Panetone
- Pão de queijo
- Pizza
- Nutella
- Sorvete

Que tal fotografar a lista acima com seu celular e marcar o que precisa comprar?

Roteiro de limpeza
(semanal)

Segunda

Terça

Quarta

Quinta

Sexta

Roteiro de limpeza
(mensal)

01
02
03
04
05
06
07
08
09
10
11
12
13
14
15
16
17
18
19
20
21
22
23
24
25
26
27
28
29
30
31

Roteiro de limpeza (anual)

JANEIRO

01
02
03
04
05
06
07
08
09
10
11
12
13
14
15
16
17
18
19
20
21
22
23
24
25
26
27
28
29
30
31

FEVEREIRO

01
02
03
04
05
06
07
08
09
10
11
12
13
14
15
16
17
18
19
20
21
22
23
24
25
26
27
28
29

MARÇO

01
02
03
04
05
06
07
08
09
10
11
12
13
14
15
16
17
18
19
20
21
22
23
24
25
26
27
28
29
30
31

ABRIL

01
02
03
04
05
06
07
08
09
10
11
12
13
14
15
16
17
18
19
20
21
22
23
24
25
26
27
28
29
30

MAIO

01
02
03
04
05
06
07
08
09
10
11
12
13
14
15
16
17
18
19
20
21
22
23
24
25
26
27
28
29
30
31

JUNHO

01
02
03
04
05
06
07
08
09
10
11
12
13
14
15
16
17
18
19
20
21
22
23
24
25
26
27
28
29
30

Roteiro de limpeza (anual)

JULHO

01
02
03
04
05
06
07
08
09
10
11
12
13
14
15
16
17
18
19
20
21
22
23
24
25
26
27
28
29
30
31

AGOSTO

01
02
03
04
05
06
07
08
09
10
11
12
13
14
15
16
17
18
19
20
21
22
23
24
25
26
27
28
29
30
31

SETEMBRO

01
02
03
04
05
06
07
08
09
10
11
12
13
14
15
16
17
18
19
20
21
22
23
24
25
26
27
28
29
30

OUTUBRO

01
02
03
04
05
06
07
08
09
10
11
12
13
14
15
16
17
18
19
20
21
22
23
24
25
26
27
28
29
30
31

NOVEMBRO

01
02
03
04
05
06
07
08
09
10
11
12
13
14
15
16
17
18
19
20
21
22
23
24
25
26
27
28
29
30

DEZEMBRO

01
02
03
04
05
06
07
08
09
10
11
12
13
14
15
16
17
18
19
20
21
22
23
24
25
26
27
28
29
30
31

Manutenção da casa & serviços

GELADEIRA
Técnico: _____ Tel: _____
Serviço Autorizado: _____
Endereço: _____ Tel: _____

MÁQUINA DE LAVAR
Técnico: _____ Tel: _____
Serviço Autorizado: _____
Endereço: _____ Tel: _____

COMPANHIA DE GÁS
Nome: _____ Tel: _____

ENCANADOR
Nome: _____ Tel: _____

PINTOR
Nome: _____ Tel: _____

MARCENEIRO
Nome: _____ Tel: _____

VIDRACEIRO
Nome: _____ Tel: _____

ELETRICISTA
Nome: _____ Tel: _____

Manutenção da casa & serviços

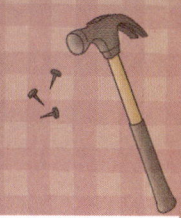

PEDREIROS
Nome: _____ Tel: _____
Nome: _____ Tel: _____

COSTUREIRAS
Nome: _____ Tel: _____
Nome: _____ Tel: _____

BABÁ
Nome: _____ Tel: _____

DIARISTA
Nome: _____ Tel: _____

JARDINEIRO
Nome: _____ Tel: _____

SAPATEIRO
Nome: _____ Tel: _____

CHAVEIRO
Nome: _____ Tel: _____

TÉCNICO DE COMPUTADOR
Nome: _____ Tel: _____

Carro & cia

MECÂNICO

Nome:
Tel:
Tel:
Endereço:

ELETRICISTA

Nome:
Tel:
Tel:
Endereço:

BORRACHEIRO

Nome:
Tel:
Tel:
Endereço:

FUNILEIRO/ LATOEIRO

Nome:
Tel:
Tel:
Endereço:

LAVA-CAR

Nome:
Tel:
Tel:
Endereço:

CONCESSIONÁRIA

Nome:
Tel:
Tel:
Endereço:

Carro & cia

SEGURADORA

Nome: _____
Tel: _____
Tel: _____
Endereço: _____
_____
_____

DESPACHANTE

Nome: _____
Tel: _____
Tel: _____
Endereço: _____
_____
_____

TROCA DE ÓLEO

Data: _____
Data: _____
Data: _____
Data: _____
Endereço: _____
_____

Nome: _____
Tel: _____
Tel: _____
Endereço: _____
_____

LICENCIAMENTO

Data: _____
Valor: _____

DPVAT

Data: _____
Valor: _____

IPVA

Data: _____ Data: _____ Data: _____
Valor: _____

Carro & cia

Data	Litros	km inicial	km final	Média	Valor	km rodados

Carro & cia

Data	Litros	km inicial	km final	Média	Valor	km rodados

Escolas e cursos

ESCOLA
Tel: _____
Tel: _____
Redes sociais: _____
_____
Endereço: _____
_____

ACADEMIA
Tel: _____
Tel: _____
Redes sociais: _____
_____
Endereço: _____
_____

FACULDADE
Tel: _____
Tel: _____
Redes sociais: _____
_____
Endereço: _____
_____

CURSO
Tel: _____
Tel: _____
Redes sociais: _____
_____
Endereço: _____
_____

CURSO
Tel: _____
Tel: _____
Redes sociais: _____
_____
Endereço: _____
_____

CURSO
Tel: _____
Tel: _____
Redes sociais: _____
_____
Endereço: _____
_____

Escolas e cursos

CURSO
Tel: _____
Tel: _____
Redes sociais: _____
_____
Endereço: _____
_____

CURSO
Tel: _____
Tel: _____
Redes sociais: _____
_____
Endereço: _____
_____

WORKSHOP
Tel: _____
Tel: _____
Redes sociais: _____
_____
Endereço: _____
_____

WORKSHOP
Tel: _____
Tel: _____
Redes sociais: _____
_____
Endereço: _____
_____

CONGRESSO
Tel: _____
Tel: _____
Redes sociais: _____
_____
Endereço: _____
_____

CONGRESSO
Tel: _____
Tel: _____
Redes sociais: _____
_____
Endereço: _____
_____

6 lugares top para frequentar

Com meu amor
Tel: _____
Tel: _____
Redes sociais: _____
Endereço: _____

Com meu amor
Tel: _____
Tel: _____
Redes sociais: _____
Endereço: _____

Com um(a) amigo(a)
Tel: _____
Tel: _____
Redes sociais: _____
Endereço: _____

Com um(a) amigo(a)
Tel: _____
Tel: _____
Redes sociais: _____
Endereço: _____

Com muitos amigos
Tel: _____
Tel: _____
Redes sociais: _____
Endereço: _____

Com _____
Tel: _____
Tel: _____
Redes sociais: _____
Endereço: _____

6 top deliveries

Pizza
Tel: _____
Tel: _____
Redes sociais: _____
_____
Endereço: _____
_____

Hambúrguer
Tel: _____
Tel: _____
Redes sociais: _____
_____
Endereço: _____
_____

Sushi
Tel: _____
Tel: _____
Redes sociais: _____
_____
Endereço: _____
_____

Comida Árabe
Tel: _____
Tel: _____
Redes sociais: _____
_____
Endereço: _____
_____

Tel: _____
Tel: _____
Redes sociais: _____
_____
Endereço: _____
_____

Tel: _____
Tel: _____
Redes sociais: _____
_____
Endereço: _____
_____

Documentos da família

Nome:

RG: _____
CPF: _____
Título de eleitor: _____
PIS: _____
CNH: _____
Tipo sanguíneo: _____
Outros: _____
_____
_____

Nome:

RG: _____
CPF: _____
Título de eleitor: _____
PIS: _____
CNH: _____
Tipo sanguíneo: _____
Outros: _____
_____
_____

Nome:

RG: _____
CPF: _____
Título de eleitor: _____
PIS: _____
CNH: _____
Tipo sanguíneo: _____
Outros: _____
_____
_____

Nome:

RG: _____
CPF: _____
Título de eleitor: _____
PIS: _____
CNH: _____
Tipo sanguíneo: _____
Outros: _____
_____
_____

Documentos da família

Nome:

RG:
CPF:
Título de eleitor:
PIS:
CNH:
Tipo sanguíneo:
Outros:

Nome:

RG:
CPF:
Título de eleitor:
PIS:
CNH:
Tipo sanguíneo:
Outros:

Nome:

RG:
CPF:
Título de eleitor:
PIS:
CNH:
Tipo sanguíneo:
Outros:

Nome:

RG:
CPF:
Título de eleitor:
PIS:
CNH:
Tipo sanguíneo:
Outros:

Planejamento de festas

Lista de convidados

Dica: Considere a capacidade máxima do local da festa e permita que aqueles convidados que não têm afinidade com o restante das pessoas possam levar um acompanhante.

Descartáveis/ Decoração

Dica: Defina um tema ou escolha uma paleta de cores para combinar os descartáveis com a decoração da festa.

Bebidas

Dica: Adultos e crianças consomem em média 600 ml de refrigerante ou suco. Se servir outras bebidas (chá, água saborizada etc) calcule 400 ml.

Planejamento de festas

Salgados — R$/cento

_____
_____
_____
_____
_____
_____
_____
_____
_____

Dica: Adultos consomem em média 15 salgadinhos variados. Crianças consomem em média 6 salgadinhos variados.

Doces — R$/cento

_____
_____
_____
_____
_____
_____
_____
_____
_____

Dica: Adultos consomem em média 6 docinhos variados. Crianças consomem em média 4 docinhos variados.

Bolo (sabor) — R$/unidade — R$/Kg

_____
_____
_____
_____

Dica: Tanto adultos como crianças consomem em média 100 g de bolo se houver salgados ou uma refeição antes. Se a festa for somente uma celebração rápida com bolo e bebidas, calcule 150 g por adulto e por criança.

Salgadeiras/ Boleiras/ Confeitarias/ etc — Fone

_____
_____
_____
_____
_____

Medidas da família

Nome:

Altura:
Peso:
Tamanho/Manequim:
Calçado:
Outros:

Nome:

Altura:
Peso:
Tamanho/Manequim:
Calçado:
Outros:

Nome:

Altura:
Peso:
Tamanho/Manequim:
Calçado:
Outros:

Nome:

Altura:
Peso:
Tamanho/Manequim:
Calçado:
Outros:

Nome:

Altura:
Peso:
Tamanho/Manequim:
Calçado:
Outros:

Nome:

Altura:
Peso:
Tamanho/Manequim:
Calçado:
Outros:

Medidas da família

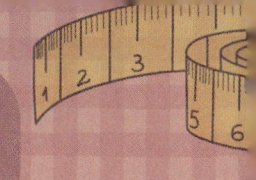

Nome:

Altura:
Peso:
Tamanho/Manequim:
Calçado:
Outros:

Nome:

Altura:
Peso:
Tamanho/Manequim:
Calçado:
Outros:

Nome:

Altura:
Peso:
Tamanho/Manequim:
Calçado:
Outros:

Nome:

Altura:
Peso:
Tamanho/Manequim:
Calçado:
Outros:

Nome:

Altura:
Peso:
Tamanho/Manequim:
Calçado:
Outros:

Nome:

Altura:
Peso:
Tamanho/Manequim:
Calçado:
Outros:

Informação dos pets

Nome:
Nascimento: _____ Sexo: _____
Raça: _____ Peso: _____
Vermífugo: _____
Vacina: _____
Veterinário: _____
Alergias: _____

Nome:
Nascimento: _____ Sexo: _____
Raça: _____ Peso: _____
Vermífugo: _____
Vacina: _____
Veterinário: _____
Alergias: _____

Nome:
Nascimento: _____ Sexo: _____
Raça: _____ Peso: _____
Vermífugo: _____
Vacina: _____
Veterinário: _____
Alergias: _____

Nome:
Nascimento: _____ Sexo: _____
Raça: _____ Peso: _____
Vermífugo: _____
Vacina: _____
Veterinário: _____
Alergias: _____

Nome:
Nascimento: _____ Sexo: _____
Raça: _____ Peso: _____
Vermífugo: _____
Vacina: _____
Veterinário: _____
Alergias: _____

Nome:
Nascimento: _____ Sexo: _____
Raça: _____ Peso: _____
Vermífugo: _____
Vacina: _____
Veterinário: _____
Alergias: _____

Cuidados com os pets

BANHO & TOSA

Petshop: _____ Tel: _____
Endereço: _____ Tel: _____

AVIÁRIO

Nome: _____ Tel: _____
Endereço: _____

HOSPITAL VETERINÁRIO

Nome: _____ Tel: _____
Endereço: _____

PACOTE DE RAÇÃO

Data de abertura:	Data de abertura:
Data de abertura:	Data de abertura:
Data de abertura:	Data de abertura:
Data de abertura:	Data de abertura:
Data de abertura:	Data de abertura:
Data de abertura:	Data de abertura:
Data de abertura:	Data de abertura:
Data de abertura:	Data de abertura:
Data de abertura:	Data de abertura:
Data de abertura:	Data de abertura:
Data de abertura:	Data de abertura:
Data de abertura:	Data de abertura:

Tapa na casa
(30 min a 1 h - visitas inesperadas)

Quartos
- arrume as camas
- varra e passe pano no chão
- tire o pó dos móveis
- _____
- _____
- _____

Banheiro
- passe pano úmido na pia e vaso
- escove o vaso e coloque desinfetante
- varra e passe pano no chão
- troque as toalhas
- esvazie as lixeiras
- limpe os espelhos
- _____

Sala de estar
- recolha toda a bagunça
- tire o pó dos móveis
- varra e passe pano no chão
- organize a decoração
- ajeite almofadas e cortinas
- se puder, coloque um aromatizador
- _____
- _____

Cozinha
- lave, seque a guarde toda a louça (ou empilhe a louça suja na pia e cubra com uma tábua de carne. Lave mais tarde).
- passe pano no fogão e nos balcões
- varra e passe pano no chão
- troque os panos de prato
- _____
- _____

Sala de jantar
- limpe a mesa
- libere as cadeiras
- varra e passe pano no chão
- _____
- _____
- _____

Lavanderia
- organize os cestos
- coloque roupas na máquina
- organize vassouras, rodos etc
- tire todo o lixo de dentro da casa
- _____
- _____

Dados de saúde

Nome:

Cartão SUS: _____

Plano de saúde: _____
Carteirinha: _____
Plano odontológico: _____
Carteirinha: _____

Nome:

Cartão SUS: _____

Plano de saúde: _____
Carteirinha: _____
Plano odontológico: _____
Carteirinha: _____

Nome:

Cartão SUS: _____

Plano de saúde: _____
Carteirinha: _____
Plano odontológico: _____
Carteirinha: _____

Nome:

Cartão SUS: _____

Plano de saúde: _____
Carteirinha: _____
Plano odontológico: _____
Carteirinha: _____

Nome:

Cartão SUS: _____

Plano de saúde: _____
Carteirinha: _____
Plano odontológico: _____
Carteirinha: _____

Nome:

Cartão SUS: _____

Plano de saúde: _____
Carteirinha: _____
Plano odontológico: _____
Carteirinha: _____

Médicos

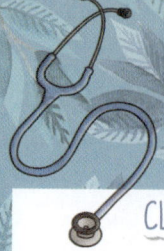

CLÍNICO GERAL
Nome:
Tel:
Tel:
Endereço:

GINECOLOGISTA
Nome:
Tel:
Tel:
Endereço:

PEDIATRA
Nome:
Tel:
Tel:
Endereço:

DERMATOLOGISTA
Nome:
Tel:
Tel:
Endereço:

ENDOCRINOLOGISTA
Nome:
Tel:
Tel:
Endereço:

CARDIOLOGISTA
Nome:
Tel:
Tel:
Endereço:

Profissionais de saúde

GASTROENTEROLOGISTA

Nome:_____
Tel:_____
Tel:_____
Endereço:_____
_____
_____

OTORRINOLARINGOLOGISTA

Nome:_____
Tel:_____
Tel:_____
Endereço:_____
_____
_____

ORTOPEDISTA

Nome:_____
Tel:_____
Tel:_____
Endereço:_____
_____
_____

OFTALMOLOGISTA

Nome:_____
Tel:_____
Tel:_____
Endereço:_____
_____
_____

Nome:_____
Tel:_____
Tel:_____
Endereço:_____
_____
_____

Nome:_____
Tel:_____
Tel:_____
Endereço:_____
_____
_____

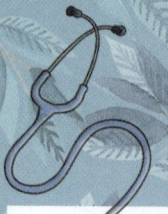

Profissionais de saúde

FISIOTERAPEUTA

Nome: _____
Tel: _____
Tel: _____
Endereço: _____
_____
_____

NUTRICIONISTA

Nome: _____
Tel: _____
Tel: _____
Endereço: _____
_____
_____

PSICÓLOGO

Nome: _____
Tel: _____
Tel: _____
Endereço: _____
_____
_____

DENTISTA

Nome: _____
Tel: _____
Tel: _____
Endereço: _____
_____
_____

PERSONAL TRAINER

Nome: _____
Tel: _____
Tel: _____
Endereço: _____
_____
_____

Nome: _____
Tel: _____
Tel: _____
Endereço: _____
_____
_____

Farmácias

Tel:	Tel:
Tel:	Tel:
Endereço:	Endereço:

Tel:	Tel:
Tel:	Tel:
Endereço:	Endereço:

Tel:	Tel:
Tel:	Tel:
Endereço:	Endereço:

Laboratórios & clínicas

Nome:

Tel:
Endereço:

Website:
Data do último exame:

Nome:

Tel:
Endereço:

Website:
Data do último exame:

Nome:

Tel:
Endereço:

Website:
Data do último exame:

Nome:

Tel:
Endereço:

Website:
Data do último exame:

Nome:

Tel:
Endereço:

Website:
Data do último exame:

Nome:

Tel:
Endereço:

Website:
Data do último exame:

Medicamentos mais usados

Nome:	mg:
Nome:	mg:
Nome:	mg:
Nome:	mg:
Nome:	mg:
Nome:	mg:
Nome:	mg:
Nome:	mg:
Nome:	mg:
Nome:	mg:
Nome:	mg:
Nome:	mg:
Nome:	mg:
Nome:	mg:
Nome:	mg:
Nome:	mg:
Nome:	mg:
Nome:	mg:
Nome:	mg:
Nome:	mg:
Nome:	mg:
Nome:	mg:
Nome:	mg:
Nome:	mg:
Nome:	mg:

Ciclo menstrual

Mês:_____
Início:_____ Término:_____
Sintomas:

FLUXO	DOR no CORPO	DOR nas MAMAS	CÓLICA	DOR de CABEÇA	HUMOR INSTÁVEL	ESPINHAS
☆☆☆	☆☆☆	☆☆☆	☆☆☆	☆☆☆	☆☆☆	☆☆☆

★☆☆ fraco(a)   ★★☆ regular   ★★★ intenso(a)

Mês:_____
Início:_____ Término:_____
Sintomas:

FLUXO	DOR no CORPO	DOR nas MAMAS	CÓLICA	DOR de CABEÇA	HUMOR INSTÁVEL	ESPINHAS
☆☆☆	☆☆☆	☆☆☆	☆☆☆	☆☆☆	☆☆☆	☆☆☆

★☆☆ fraco(a)   ★★☆ regular   ★★★ intenso(a)

Mês:_____
Início:_____ Término:_____
Sintomas:

FLUXO	DOR no CORPO	DOR nas MAMAS	CÓLICA	DOR de CABEÇA	HUMOR INSTÁVEL	ESPINHAS
☆☆☆	☆☆☆	☆☆☆	☆☆☆	☆☆☆	☆☆☆	☆☆☆

★☆☆ fraco(a)   ★★☆ regular   ★★★ intenso(a)

Mês:_____
Início:_____ Término:_____
Sintomas:

FLUXO	DOR no CORPO	DOR nas MAMAS	CÓLICA	DOR de CABEÇA	HUMOR INSTÁVEL	ESPINHAS
☆☆☆	☆☆☆	☆☆☆	☆☆☆	☆☆☆	☆☆☆	☆☆☆

★☆☆ fraco(a)   ★★☆ regular   ★★★ intenso(a)

Mês:_____
Início:_____ Término:_____
Sintomas:

FLUXO	DOR no CORPO	DOR nas MAMAS	CÓLICA	DOR de CABEÇA	HUMOR INSTÁVEL	ESPINHAS
☆☆☆	☆☆☆	☆☆☆	☆☆☆	☆☆☆	☆☆☆	☆☆☆

★☆☆ fraco(a)   ★★☆ regular   ★★★ intenso(a)

Mês:_____
Início:_____ Término:_____
Sintomas:

FLUXO	DOR no CORPO	DOR nas MAMAS	CÓLICA	DOR de CABEÇA	HUMOR INSTÁVEL	ESPINHAS
☆☆☆	☆☆☆	☆☆☆	☆☆☆	☆☆☆	☆☆☆	☆☆☆

★☆☆ fraco(a)   ★★☆ regular   ★★★ intenso(a)

Mês:_____
Início:_____ Término:_____
Sintomas:

FLUXO	DOR no CORPO	DOR nas MAMAS	CÓLICA	DOR de CABEÇA	HUMOR INSTÁVEL	ESPINHAS
☆☆☆	☆☆☆	☆☆☆	☆☆☆	☆☆☆	☆☆☆	☆☆☆

★☆☆ fraco(a)   ★★☆ regular   ★★★ intenso(a)

Mês:_____
Início:_____ Término:_____
Sintomas:

FLUXO	DOR no CORPO	DOR nas MAMAS	CÓLICA	DOR de CABEÇA	HUMOR INSTÁVEL	ESPINHAS
☆☆☆	☆☆☆	☆☆☆	☆☆☆	☆☆☆	☆☆☆	☆☆☆

★☆☆ fraco(a)   ★★☆ regular   ★★★ intenso(a)

Ciclo menstrual

Mês: _____

Início: _____ Término: _____

Sintomas:

FLUXO	DOR no CORPO	DOR nas MAMAS	CÓLICA	DOR de CABEÇA	HUMOR INSTÁVEL	ESPINHAS
☆☆☆	☆☆☆	☆☆☆	☆☆☆	☆☆☆	☆☆☆	☆☆☆

★☆☆ fraco(a)   ★★☆ regular   ★★★ intenso(a)

Mês: _____

Início: _____ Término: _____

Sintomas:

FLUXO	DOR no CORPO	DOR nas MAMAS	CÓLICA	DOR de CABEÇA	HUMOR INSTÁVEL	ESPINHAS
☆☆☆	☆☆☆	☆☆☆	☆☆☆	☆☆☆	☆☆☆	☆☆☆

★☆☆ fraco(a)   ★★☆ regular   ★★★ intenso(a)

Mês: _____

Início: _____ Término: _____

Sintomas:

FLUXO	DOR no CORPO	DOR nas MAMAS	CÓLICA	DOR de CABEÇA	HUMOR INSTÁVEL	ESPINHAS
☆☆☆	☆☆☆	☆☆☆	☆☆☆	☆☆☆	☆☆☆	☆☆☆

★☆☆ fraco(a)   ★★☆ regular   ★★★ intenso(a)

Mês: _____

Início: _____ Término: _____

Sintomas:

FLUXO	DOR no CORPO	DOR nas MAMAS	CÓLICA	DOR de CABEÇA	HUMOR INSTÁVEL	ESPINHAS
☆☆☆	☆☆☆	☆☆☆	☆☆☆	☆☆☆	☆☆☆	☆☆☆

★☆☆ fraco(a)   ★★☆ regular   ★★★ intenso(a)

Mês: _____

Início: _____ Término: _____

Sintomas:

FLUXO	DOR no CORPO	DOR nas MAMAS	CÓLICA	DOR de CABEÇA	HUMOR INSTÁVEL	ESPINHAS
☆☆☆	☆☆☆	☆☆☆	☆☆☆	☆☆☆	☆☆☆	☆☆☆

★☆☆ fraco(a)   ★★☆ regular   ★★★ intenso(a)

Mês: _____

Início: _____ Término: _____

Sintomas:

FLUXO	DOR no CORPO	DOR nas MAMAS	CÓLICA	DOR de CABEÇA	HUMOR INSTÁVEL	ESPINHAS
☆☆☆	☆☆☆	☆☆☆	☆☆☆	☆☆☆	☆☆☆	☆☆☆

★☆☆ fraco(a)   ★★☆ regular   ★★★ intenso(a)

Mês: _____

Início: _____ Término: _____

Sintomas:

FLUXO	DOR no CORPO	DOR nas MAMAS	CÓLICA	DOR de CABEÇA	HUMOR INSTÁVEL	ESPINHAS
☆☆☆	☆☆☆	☆☆☆	☆☆☆	☆☆☆	☆☆☆	☆☆☆

★☆☆ fraco(a)   ★★☆ regular   ★★★ intenso(a)

Mês: _____

Início: _____ Término: _____

Sintomas:

FLUXO	DOR no CORPO	DOR nas MAMAS	CÓLICA	DOR de CABEÇA	HUMOR INSTÁVEL	ESPINHAS
☆☆☆	☆☆☆	☆☆☆	☆☆☆	☆☆☆	☆☆☆	☆☆☆

★☆☆ fraco(a)   ★★☆ regular   ★★★ intenso(a)

Treino fitness

SEGUNDA-FEIRA
Freq. cardíaca máxima: _____
Treino: _____
_____
_____
_____
Tempo: _____

TERÇA-FEIRA
Freq. cardíaca máxima: _____
Treino: _____
_____
_____
_____
Tempo: _____

QUARTA-FEIRA
Freq. cardíaca máxima: _____
Treino: _____
_____
_____
_____
Tempo: _____

QUINTA-FEIRA
Freq. cardíaca máxima: _____
Treino: _____
_____
_____
_____
Tempo: _____

SEXTA-FEIRA
Freq. cardíaca máxima: _____
Treino: _____
_____
_____
_____
Tempo: _____

Freq. cardíaca máxima: _____
Treino: _____
_____
_____
_____
Tempo: _____

Treino fitness

SEGUNDA-FEIRA
Freq. cardíaca máxima: _____
Treino: _____
_____
_____
_____
Tempo: _____

TERÇA-FEIRA
Freq. cardíaca máxima: _____
Treino: _____
_____
_____
_____
Tempo: _____

QUARTA-FEIRA
Freq. cardíaca máxima: _____
Treino: _____
_____
_____
_____
Tempo: _____

QUINTA-FEIRA
Freq. cardíaca máxima: _____
Treino: _____
_____
_____
_____
Tempo: _____

SEXTA-FEIRA
Freq. cardíaca máxima: _____
Treino: _____
_____
_____
_____
Tempo: _____

_____
Freq. cardíaca máxima: _____
Treino: _____
_____
_____
_____
Tempo: _____

Checkup anual

Consultas

DATA	ESPECIALIDADE

Exames

DATA	DESCRIÇÃO

Para o próximo ano

Observações

Meu peso ideal

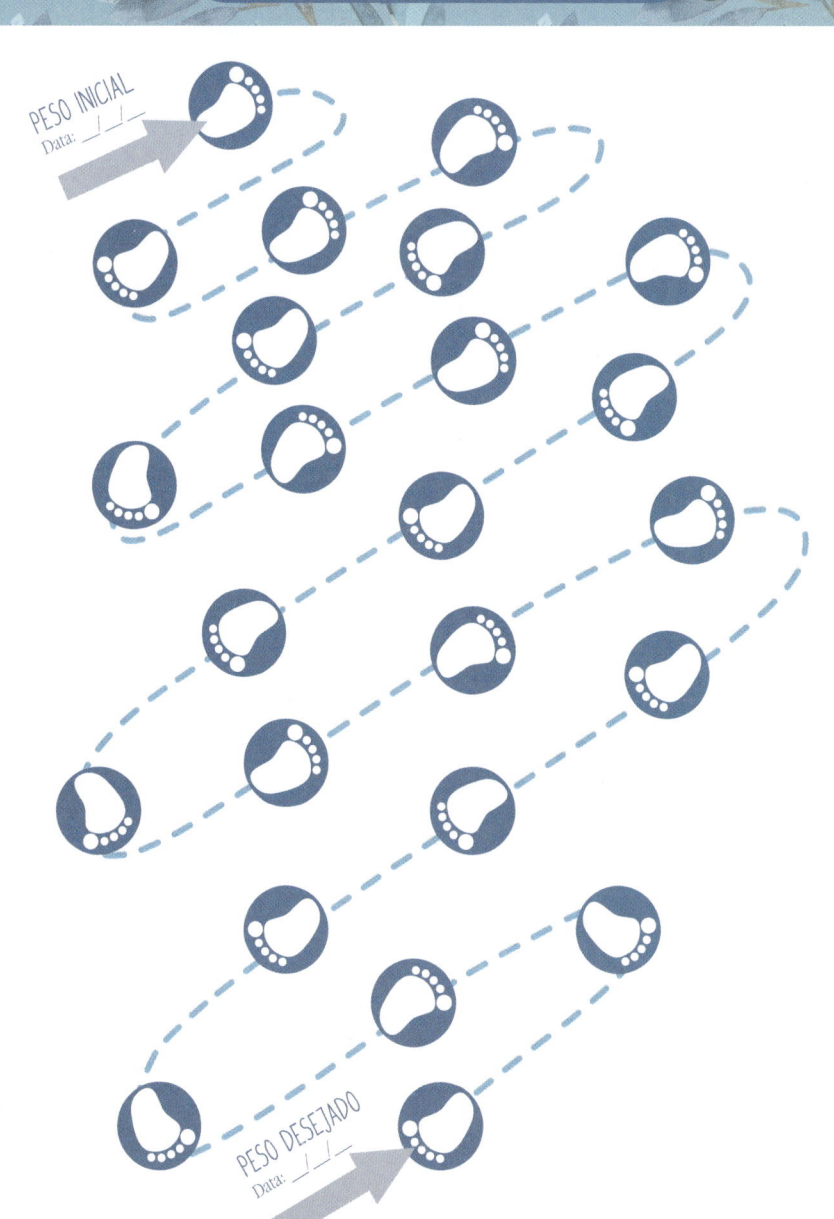

PESO INICIAL
Data: __/__/__

PESO DESEJADO
Data: __/__/__

Minhas medidas

DATA	BARRIGA	BRAÇO	CINTURA	COXA	QUADRIL	PESO

Foco total

DISCIPLINA/ MATÉRIA	TÓPICOS PARA ESTUDAR	✓

Horários de aula

1º semestre

HORÁRIO	Segunda-feira	Terça-feira	Quarta-feira	Quinta-feira	Sexta-feira	Sábado
__h__						
__h__						
__h__						
__h__						
__h__						
__h__						
__h__						

HORÁRIO Domingo	__h__	__h__	__h__	__h__	__h__	__h__	__h__	__h__

Horários de aula

2º semestre

HORÁRIO	Segunda-feira	Terça-feira	Quarta-feira	Quinta-feira	Sexta-feira	Sábado
__h__						
__h__						
__h__						
__h__						
__h__						
__h__						
__h__						

HORÁRIO	h	h	h	h	h	h	h
Domingo							

Estudos

Janeiro

DATA	DISCIPLINA	TRABALHO	NOTA

Adquira sabedoria e aprenda a ter discernimento... –Provérbios 4:5

Estudos

Fevereiro

DATA	DISCIPLINA	TRABALHO	NOTA

Se você der valor à sabedoria, ela o engrandecerá... —Provérbios 4:8

Estudos

Março

DATA	DISCIPLINA	TRABALHO	NOTA

...a sabedoria vale muito mais que rubis... —Provérbios 8:11

Estudos

Abril

DATA	DISCIPLINA	TRABALHO	NOTA

...a ele pertencem o conselho e o entendimento. —Jó 12:13

Estudos

Maio

DATA	DISCIPLINA	TRABALHO	NOTA

...a sabedoria dá mais lucro que a prata e rende mais que o ouro. —Provérbios 3:14

Estudos

Junho

DATA	DISCIPLINA	TRABALHO	NOTA

O temor do Senhor ensina sabedoria... —Provérbios 15:33

Estudos

Julho

DATA	DISCIPLINA	TRABALHO	NOTA

...para o que tem discernimento o conhecimento vem fácil. –Provérbios 14:6

Estudos

Agosto

DATA	DISCIPLINA	TRABALHO	NOTA

A sabedoria é árvore de vida para quem dela toma posse... —Provérbios 3:18

Estudos

Setembro

DATA	DISCIPLINA	TRABALHO	NOTA

Se algum de vocês precisar de sabedoria, peça a nosso Deus... –Tiago 1:5

Estudos

Outubro

DATA	DISCIPLINA	TRABALHO	NOTA

O sensato mantém os olhos fixos na sabedoria... –Provérbios 17:24

Estudos

Novembro

DATA	DISCIPLINA	TRABALHO	NOTA

É melhor ter sabedoria que armas de guerra... –Eclesiastes 9:18

Estudos

Dezembro

DATA	DISCIPLINA	TRABALHO	NOTA

Ensinem e aconselhem uns aos outros com toda a sabedoria... —Colossenses 3:16

Provas

DATA	DISCIPLINA/ MATÉRIA	CONTEÚDO	NOTA

Objetivos de curto prazo

Estabeleça três objetivos de curto prazo e comece seu planejamento, anotando o que é preciso para realizar cada um deles. Considere "curto prazo" um período de até dois anos.

OBJETIVO 1	PLANO DE AÇÃO	PRAZO	QUANTO POUPAR POR MÊS?

OBJETIVO 2	PLANO DE AÇÃO	PRAZO	QUANTO POUPAR POR MÊS?

OBJETIVO 3	PLANO DE AÇÃO	PRAZO	QUANTO POUPAR POR MÊS?

Finanças

D S T Q Q S S

Janeiro

ENTRADA	SAÍDA	SALDO

O salário do justo produz vida... —Provérbios 10:16

Finanças

D S T Q Q S S

Fevereiro

ENTRADA	SAÍDA	SALDO

...a riqueza conquistada com trabalho árduo cresce com o tempo. —Provérbios 13:11

Finanças

D S T Q Q S S

Março

ENTRADA	SAÍDA	SALDO

A prata e o ouro me pertencem, diz o Senhor dos Exércitos. —Ageu 2:8

Finanças

D S T Q Q S S

Abril

ENTRADA	SAÍDA	SALDO

...usem seu dinheiro para fazer o bem... —1 Timóteo 6:18

Finanças

D S T Q Q S S

Maio

ENTRADA	SAÍDA	SALDO

O sábio possui riqueza e luxo, mas o tolo gasta tudo que tem. –Provérbios 21:20

Finanças

D S T Q Q S S

Junho

ENTRADA	SAÍDA	SALDO

...Deus cuida de seus amados enquanto dormem. –Salmo 127:2

Finanças

D S T Q Q S S

Julho

ENTRADA	SAÍDA	SALDO

O Senhor é meu pastor, e nada me faltará. —Salmo 23:1

# Finanças

D S T Q Q S S

Agosto

ENTRADA	SAÍDA	SALDO

Os que contam vantagem de suas riquezas nada entendem... –Salmo 49:20

Finanças

D S T Q Q S S

Setembro

ENTRADA	SAÍDA	SALDO

A riqueza obtida por meio de mentiras é neblina que se dissipa... –Provérbios 21:6

Finanças

D S T Q Q S S

Outubro

ENTRADA	SAÍDA	SALDO

...É loucura acumular riquezas terrenas e não ser rico para com Deus. —Lucas 12:21

Finanças

D S T Q Q S S

Novembro

ENTRADA	SAÍDA	SALDO

Riqueza e honra vêm somente de ti, pois tu governas sobre tudo... –1 Crônicas 29:12

Finanças

D S T Q Q S S

Dezembro

ENTRADA	SAÍDA	SALDO

Não amem o dinheiro; estejam satisfeitos com o que têm... —Hebreus 13:5

Lista de desejos

Estou querendo

Estou precisando

Bancos & cia

Banco: _____
Titular: _____
CPF: _____
Agência: _____
Conta: _____
Tipo de conta: _____
Gerente/ Contato: _____

Banco: _____
Titular: _____
CPF: _____
Agência: _____
Conta: _____
Tipo de conta: _____
Gerente/ Contato: _____

Banco: _____
Titular: _____
CPF: _____
Agência: _____
Conta: _____
Tipo de conta: _____
Gerente/ Contato: _____

Banco: _____
Titular: _____
CPF: _____
Agência: _____
Conta: _____
Tipo de conta: _____
Gerente/ Contato: _____

Banco: _____
Titular: _____
CPF: _____
Agência: _____
Conta: _____
Tipo de conta: _____
Gerente/ Contato: _____

Banco: _____
Titular: _____
CPF: _____
Agência: _____
Conta: _____
Tipo de conta: _____
Gerente/ Contato: _____

Controle cartão de crédito

Data	Gastos	Parcela	Valor

Controle cartão de crédito

Data	Gastos	Parcela	Valor

Desafio do cofrinho

Que tal poupar R$ 2.000 sem sofrimento até dezembro? Tente! Ou invente seu próprio desafio!

Semana	Deposite	No cofrinho	Semana	Deposite	No cofrinho
01	R$ 13,00	R$ 13,00	27	R$ 39,00	R$ 702,00
02	R$ 14,00	R$ 27,00	28	R$ 40,00	R$ 742,00
03	R$ 15,00	R$ 42,00	29	R$ 41,00	R$ 783,00
04	R$ 16,00	R$ 58,00	30	R$ 42,00	R$ 825,00
05	R$ 17,00	R$ 75,00	31	R$ 43,00	R$ 868,00
06	R$ 18,00	R$ 93,00	32	R$ 44,00	R$ 912,00
07	R$ 19,00	R$ 112,00	33	R$ 45,00	R$ 957,00
08	R$ 20,00	R$ 132,00	34	R$ 46,00	R$ 1.003,00
09	R$ 21,00	R$ 153,00	35	R$ 47,00	R$ 1.050,00
10	R$ 22,00	R$ 175,00	36	R$ 48,00	R$ 1.098,00
11	R$ 23,00	R$ 198,00	37	R$ 49,00	R$ 1.147,00
12	R$ 24,00	R$ 222,00	38	R$ 50,00	R$ 1.197,00
13	R$ 25,00	R$ 247,00	39	R$ 51,00	R$ 1.248,00
14	R$ 26,00	R$ 273,00	40	R$ 52,00	R$ 1.300,00
15	R$ 27,00	R$ 300,00	41	R$ 53,00	R$ 1.353,00
16	R$ 28,00	R$ 328,00	42	R$ 54,00	R$ 1.407,00
17	R$ 29,00	R$ 357,00	43	R$ 55,00	R$ 1.462,00
18	R$ 30,00	R$ 387,00	44	R$ 56,00	R$ 1.518,00
19	R$ 31,00	R$ 418,00	45	R$ 57,00	R$ 1.575,00
20	R$ 32,00	R$ 450,00	46	R$ 58,00	R$ 1.633,00
21	R$ 33,00	R$ 483,00	47	R$ 59,00	R$ 1.692,00
22	R$ 34,00	R$ 517,00	48	R$ 60,00	R$ 1.752,00
23	R$ 35,00	R$ 552,00	49	R$ 61,00	R$ 1.813,00
24	R$ 36,00	R$ 588,00	50	R$ 62,00	R$ 1.875,00
25	R$ 37,00	R$ 625,00	51	R$ 63,00	R$ 1.938,00
26	R$ 38,00	R$ 663,00	52	R$ 64,00	R$ 2.002,00

Plano de férias

Início:

Fim:

Cidade(s)

Combustível/passagem/traslado

Hotéis/restaurantes

Reservas/comprovantes/câmbios

Pontos turísticos imperdíveis

Passeios que são a minha cara

Documentos/seguros/vacinas

Gastos extras/souvenirs etc

Viagens & cia

AGÊNCIAS DE VIAGEM

Contato:
Tel:
Website:
Endereço:

Contato:
Tel:
Website:
Endereço:

DESTINOS DESEJADOS

Lugares para conhecer

VI NA TV

VI NA NET

LUGARES QUE ME INDICARAM

Lista de viagem

DOCUMENTOS & APETRECHOS

- Documentos
- Dinheiro
- Cartões
- Receitas médicas
- Câmera fotográfica
- Bateria e carregador da câmera
- Cartão de memória
- Adaptador de tomada
- Chaves
- Notebook/tablet
- Ferro de viagem
- Filmadora
- Pilhas
- Secador de cabelo
- Chapinha
- Celular
- Carregador celular
- Lanterna
- Jogos diversos
- _____
- _____
- _____
- _____

CAMA & BANHO

- Lençol
- Fronha
- Cobertor
- Travesseiro
- Toalha de banho
- Toalha de rosto
- _____
- _____
- _____

HIGIENE & PESSOAL

- Escova
- Pente
- Algodão
- Lâmina de barbear
- Filtro solar
- Repelente
- Loção pós-sol
- Protetor labial
- Perfume
- Cotonete
- Creme dental
- Escova dental
- Fio dental
- Enxaguante bucal
- Desodorante
- Papel higiênico
- Hidratante
- Lixa de unha
- Alicate
- Hidratante
- Maquiagem
- Removedor de maquiagem
- Sabonete e saboneteira
- Absorvente
- Shampoo
- Condicionador
- Remédios
- Colírio
- Óculos de sol
- Óculos de grau
- Lentes de contato e suprimentos
- Termômetro
- _____
- _____
- _____

Lista de viagem

ROUPAS & CALÇADOS

- Chinelo
- Bota
- Sapato casual
- Sapato formal
- Tênis
- Meia
- Bermuda
- Calça esportiva
- Calça social
- Camisa esportiva
- Camisa social
- Casaco
- Cinto
- Gravata
- Jaqueta
- Luva
- Gorro
- Cachecol
- Moletom
- Pijama
- Camisola
- Roupa de praia
- Roupa íntima
- Saia
- Terno
- Vestido
- _____
- _____

ACESSÓRIOS & cia

- Mala
- Frasqueira
- Cadeado de mala
- Saco para roupa suja
- Anel
- Brinco
- Broche
- Colar
- Pulseira
- Bolsa de praia
- Chapéu
- Guarda-chuva
- Bolsa social
- Carteira
- Acessórios para cabelo
- Livros
- Gibis
- _____
- _____
- _____
- _____
- _____
- _____
- _____
- _____
- _____
- _____

BEBÊ & cia

- Fralda
- Lenço umedecido
- Comida
- Chupeta
- Paninho de boca
- Cobertor
- Creme para assadura
- Remédio
- Roupas de baixo
- Mudas de roupas
- Sapatos
- Meia
- Pijama
- _____
- _____

Planejamento de datas especiais

PÁSCOA (__/__)

DIA DAS MÃES (__/__)

FÉRIAS DE INVERNO (__/__)

Planejamento de datas especiais

DIA DOS PAIS (__/__)

NATAL (__/__)

FÉRIAS DE VERÃO (__/__)

Dados pré-viagem

Destino:

Data:

Hora da saída:

Hora da chegada:

Informações gerais

Número do voo/ bilhete:

Aeroporto/ rodoviária/ estação:

Terminal:

Portão:

Outros:

Checklist

- ☐ Passaporte/ visto
- ☐ Passagens
- ☐ Cartão de embarque
- ☐ Seguro
- ☐ Dinheiro
- ☐ Cartões de débito/ crédito
- ☐ Carteira de motorista
- ☐ _____
- ☐ _____
- ☐ _____
- ☐ _____

Endereços

Telefones importantes

Mimos mensais

Sugestões de mimos de baixo custo (investimento: 30 minutos no máximo) para você se cuidar a cada dia do mês!

01 Verifique a validade dos seus cosméticos e descarte itens vencidos/ danificados.
02 Pesquise uma receita de máscara facial caseira, faça e aplique.
03 Organize seus brincos. Doe/ venda/ descarte itens sem uso ou sem par.
04 Monte um kit manicure portátil para levar na sua bolsa.
05 Pesquise e teste uma receita de máscara caseira para hidratar os cabelos.
06 Organize seus anéis e pulseiras. Doe/ venda/ descarte itens sem uso.
07 Faça uma esfoliação suave dos lábios com uma pastinha de açúcar+azeite.
08 Teste algum produto novo de maquiagem ou higiene.
09 Teste uma receita caseira para fazer uma leve esfoliação das mãos.
10 Levante as pernas por 20 minutos enquanto lê algo.
11 Faça chá de camomila. Gele os saquinhos e ponha sobre os olhos fechados por 10 minutos.
12 Organize seus esmaltes. Descarte itens vencidos e doe cores sem uso.
13 Faça uma esfoliação corporal na hora do banho com azeite+açúcar ou azeite+fubá.
14 Faça um escalda-pés com água quente+umas gotinhas de óleo essencial.
15 Tente passar o dia inteiro sem ingerir produtos industrializados.
16 Organize suas blusas. Doe/ venda/ mande consertar o que for preciso.
17 Lave, limpe e seque seus pincéis e esponjas de maquiagem.
18 Apare ou peça a alguém para aparar sua franja/ pontas do cabelo.
19 Organize sua lingerie. Descarte/ recicle itens descosturados, desgastados etc.
20 Passe uma pedra de gelo no rosto limpo antes da maquiagem.
21 Organize seus colares. Doe/ venda/ descarte itens sem uso.
22 Mix para cabelo lavado: 1 copo de água + 5 c. sopa vinagre de maçã. Deixe 5 minutos. Enxágue.
23 Organize suas calças, bermudas e shorts. Doe/ venda/ descarte itens sem uso.
24 Aplique fatias geladas de pepino sobre os olhos fechados por 5 minutos.
25 Ponha óleo de gérmen de trigo num tubo vazio de rímel. Aplique nos cílios antes de dormir.
26 Organize seus sapatos. Doe/ venda/ descarte pares sem uso.
27 Assista a um tutorial no Youtube® e aprenda a fazer um penteado novo.
28 Aplique no cabelo sujo: 1/2 abacate amassado com 1 colher de sopa de azeite (20 minutos). Lave.
29 Organize seus vestidos e saias. Doe/ venda/ descarte itens sem uso.
30 Hidrate as pontas dos cabelos aplicando azeite morno nelas por 20 minutos. Enxágue.
31 Organize seus acessórios de cabelo e bolsas. Doe/ venda/ descarte itens sem uso.

Meus mimos

Preencha as lacunas com suas próprias ideias de mimos mensais.

01
02
03
04
05
06
07
08
09
10
11
12
13
14
15
16
17
18
19
20
21
22
23
24
25
26
27
28
29
30
31

Onde é bom comprar...

Fofurices para a casa

Make e perfumaria

Itens de papelaria/ livros

Roupas

Lojas de sapatos

Femininos

Masculinos

Infantis

Esportivos

Lojas de presentes

Para mulheres

Para homens

Presentes unissex

Lembrancinhas

Lojas de acessórios

Enfeites de cabelo

Bijuterias

Bolsas

Lingerie

Salões & cia

CABELEIREIRO
Nome: _____ Tel: _____

CABELEIREIRO
Nome: _____ Tel: _____

MANICURE
Nome: _____ Tel: _____

DESIGNER DE SOBRANCELHA
Nome: _____ Tel: _____

DEPILADORA
Nome: _____ Tel: _____

PODÓLOGO
Nome: _____ Tel: _____

MASSAGISTA
Nome: _____ Tel: _____

Nome: _____ Tel: _____

Nome: _____ Tel: _____

Minha rotina de autocuidado

Domingo	Segunda	Terça
manhã	manhã	manhã
tarde	tarde	tarde
noite	noite	noite

Minha rotina de autocuidado

Quarta	Quinta	Sexta	Sábado
manhã	manhã	manhã	manhã
tarde	tarde	tarde	tarde
noite	noite	noite	noite

Produtos de cabelo que quero testar

Nome	Bom para

Maquiagem que quero testar

Pele (base, corretivo, pó, blush etc.)

Olhos (máscara, lápis, sombra etc.)

Boca (batom, gloss, lápis etc.)

Unhas (esmalte, removedor etc.)

Tratamentos que quero testar

Procedimento	Produto/ Salão/ Profissional

Metas que quero alcançar por dia

- ☐ Caminhar ___km/_____ passos.
- ☐ Beber _____ de água.
- ☐ Dormir no mínimo ____ horas.
- ☐ Limite de redes sociais:___ horas.
- ☐ Dedicar mais tempo para a família.
- ☐ Agradecer a Deus por ___ bênçãos.
- ☐ _____
- ☐ _____
- ☐ _____
- ☐ _____
- ☐ _____

- ☐ Ler ____ páginas de um livro.
- ☐ Enviar mensagem a um velho amigo.
- ☐ Alongar o corpo.
- ☐ Ajudar ou elogiar alguma pessoa.
- ☐ Observar as nuvens ou o pôr do sol.
- ☐ Comer ___ fruta(s).
- ☐ _____
- ☐ _____
- ☐ _____
- ☐ _____
- ☐ _____